folio cadet

Le Petit Nicolas
d'après l'œuvre de René Goscinny
et Jean-Jacques Sempé

Une série animée adaptée pour la télévision par Matthieu Delaporte, Alexandre de la Patellière et Cédric Pilot / Création graphique de Pascal Valdès / Réalisée par Arnaud Bouron D'après l'épisode « La récompense », écrit par Frédéric Valion.

Adaptation : Emmanuelle Lepetit
Maquette : Clément Chassagnard
Le papier de cet ouvrage est composé de fibres naturelles, renouvelables, recyclables et fabriquées à partir de bois provenant de forêts plantées et cultivées expressément pour la fabrication de la pâte à papier.
Loi n° 49-956 du 16 juillet 1949 sur les publications destinées à la jeunesse
ISBN : 978-2-07-065048-4
N° d'édition : 247426
Dépôt légal : avril 2013
Imprimé en France par I.M.E.

IMPRIM'VERT
votre imprimeur agit pour l'environnement

PEFC
10-31-1093
Certifié PEFC
pefc-france.org

Le Petit Nicolas

En route pour le pique-nique !

GALLIMARD JEUNESSE

Le Petit Nicolas

Maman Papa

et ses copains

Nicolas Alceste Clotaire Eudes

La maîtresse Le Bouillon

Louisette Marie-Edwige Geoffroy Agnan

Aujourd'hui, c'est classe verte ! La maîtresse emmène ses élèves à la campagne pour étudier les plantes. M. Dubon, que tous les enfants appellent « le Bouillon », accompagne la sortie.

– La nature n'a pas de secrets pour moi ! se vante-t-il, pendant que les garçons montent dans le car.

Une heure plus tard, le car s'arrête au milieu des champs, à la lisière d'un petit bois. Le soleil brille et les oiseaux chantent.

– Ah ! quel beau paysage ! s'extasie le surveillant. Et surtout... quel calme !

– VENEZ LES GARS ! hurle alors Nicolas en surgissant à côté de lui.

– OUAIS ! crient ses copains.

– Ce matin, vous pouvez jouer, déclare la maîtresse. Nous étudierons la nature après le pique-nique.

Les enfants s'éparpillent aussitôt dans les bois.

Agnan est le seul à rester près du car, un cahier sous le bras.

– C'est un bel herbier que tu as là, lui dit le Bouillon. Ça te dirait que je t'apprenne tout ce que je sais sur la forêt ?

– Oh, oui ! répond Agnan.

Le surveillant s'approche d'une plante et annonce d'un ton important :

– Tu vois, ça… c'est une fougère !

– Ah bon ? Je croyais que c'était une *Pteris aquilina*, s'étonne Agnan en donnant le nom savant de la plante.

La maîtresse pouffe de rire. Vexé, le Bouillon chasse le pauvre Agnan :

– Hum… Au lieu de faire le clown, va jouer avec tes amis !

Non loin de là, Nicolas et ses copains ont commencé une partie de foot.

– Regardez ce que mon père vient de m'acheter ! les interrompt Geoffroy en exhibant un drôle d'objet tout plat.

– C'est une assiette ? demande Nicolas.

– Mais non, andouille ! C'est un frisbee. Tu le lances en l'air et ça vole très loin.

Il prend son élan et jette le frisbee… qui atterrit trois pas plus loin.

– Bof… c'est pas terrible, ton jeu ! se moque Alceste.

– En fait, explique Agnan qui vient de les rejoindre, il faut le lancer en donnant un coup sec du poignet. C'est important pour la portance aérodynamique.

– Comme ça ? dit Nicolas en s'emparant du frisbee.

Cette fois, le jouet s'envole et décrit une belle courbe dans le ciel.

Au même moment, le Bouillon est en train de faire les yeux doux à la maîtresse :

– Ici, au grand air avec vous, je me sens plus détendu qu'à l'école...

BING ! Le frisbee rebondit sur son crâne chauve.

– Si j'attrape le voyou qui a fait ça… ÇA VA BARDER !

– Plus détendu… vraiment, monsieur Dubon ? sourit la maîtresse.

Le surveillant grimace en rendant le frisbee aux garçons :

– Bon, ça va pour cette fois… Mais que je ne vous y reprenne plus !

Les enfants se remettent à jouer au frisbee. Ils savent bien le faire voler à présent ! Si bien qu'il finit par atterrir dans le champ voisin.

Nicolas pousse la barrière et pénètre dans le pré. Il se penche pour ramasser le frisbee, quand un gros animal se plante devant lui :

– MEUUUH !

– Oh, une vache ! s'exclame-t-il.

– T'es pas un peu fou dans ta tête ! lance Alceste, de l'autre côté de la clôture. Et si c'était un taureau ?

– En plus, tu portes du rouge, ajoute Agnan d'un ton savant. Ça énerve les taureaux.

Nicolas panique. Il est coincé, l'animal lui barre la route !

– Aidez-moi !

Les garçons sont catastrophés.

– Qu'est-ce qu'on peut faire ? gémit Clotaire.

– Je sais ! dit Eudes en claquant des doigts. On n'a qu'à attirer le taureau par ici.

– Petit, petit, petit ! font-ils en gesticulant.

Agnan les observe, consterné :

– Ce n'est pas en faisant les guignols que vous allez l'attirer. Il faut un appât !

Il arrache alors une touffe d'herbe et la secoue à travers la clôture. BINGO ! L'animal arrive aussitôt. Mais au lieu de rester dans le champ, il passe par le portail resté ouvert et trottine sur la route en direction des enfants.

– AU SECOURS ! hurlent les garçons en se sauvant.

Tous se réfugient derrière le Bouillon.

– Un taureau nous poursuit ! crie Geoffroy.

– C'est la faute du frisbee ! précise Agnan.

– ENCORE ce frisbee ! tonne le surveillant.

– Je vais m'occuper de cet animal ! annonce alors le Bouillon.

Il avance à pas prudents vers la bête qui s'est arrêtée pour brouter une touffe d'herbe.

– Il est drôlement courageux, le Bouill... euh, M. Dubon, chuchote Nicolas, admiratif.

La maîtresse, elle, éclate de rire :

– HA, HA, HA ! Votre taureau... c'est une vache !

Et elle montre du doigt les pis gonflés qui pendent sous le ventre du paisible ruminant.

– Hum... oui, je le savais, bafouille le Bouillon, avant d'ajouter, pour ne pas avoir l'air trop nigaud : Attention ! Les vaches aussi peuvent être dangereuses !

Mais cette vache-là n'a pas du tout l'air d'une menace. Elle continue de brouter tranquillement sa touffe d'herbe.

– Allez, avance ! lui ordonne le surveillant.

Pas de réaction. Le Bouillon lui donne une petite tape. Toujours pas de réaction. Alors il finit par pousser de toutes ses forces sur les fesses de la vache. Elle fait un pas. Déséquilibré, le Bouillon tombe dans le fossé !

Il s'est à peine relevé qu'un paysan furieux surgit sur le chemin et lui dit :

– Ça ne va pas, de sortir ma vache de son pré ! Quel bel exemple vous donnez à ces enfants ! (Et, se tournant vers sa vache :) Allez, Marguerite, on rentre !

Sous les yeux ahuris du Bouillon, la vache le suit comme un mouton !

Très énervé, le surveillant revient vers les garçons :

– Regardez-moi bien dans les yeux ! Si je vous revois jouer avec ce frisbee, gare à la punition !

– Et si nous mangions ? intervient la maîtresse. Ensuite, nous ramasserons des échantillons pour notre exposé sur la nature. Celui qui fera la plus belle trouvaille aura la meilleure note!

Après le pique-nique, les enfants partent à la recherche d'un trésor de la forêt.

– J'aimerais bien trouver des châtaignes, dit Alceste.

– Ouais, ça serait chouette pour l'exposé! approuve Nicolas.

– Ce serait surtout chouette pour le goûter, répond Alceste.

Soudain, Geoffroy lève le doigt vers un arbre :

– En voilà ! Elles ne sont pas mûres : elles sont encore accrochées aux branches.

– On n'a qu'à les faire tomber ! s'écrie Eudes.

– Bonne idée ! Passe-moi le frisbee ! décide Nicolas.

Il lance le disque, rate son but et décapite un nid de frelons suspendu à une autre branche. Heureusement, le nid est vide.

Nicolas relance le frisbee. Cette fois, il se coince dans le feuillage.

Le garçon se met à escalader l'arbre, quand la voix du Bouillon retentit :

– NICOLAS ! Descends de là tout de suite !

– Mais mon frisbee est coincé en haut ! pleurniche Geoffroy.

– QUOI ? tempête le Bouillon. Qu'est-ce que je vous avais dit à propos de ce maudit jouet ?

– On voulait juste faire tomber des châtaignes pour l'exposé, explique Nicolas.

– Si c'est pour l'exposé..., se calme le Bouillon. Bon, laissez-moi faire.

Le Bouillon se met à grimper à l'arbre. Parvenu en haut, il attrape le frisbee.

Puis il s'apprête à cueillir quelques châtaignes, quand, horreur ! il aperçoit le nid de frelons.

– AAAAH ! s'égosille-t-il en perdant l'équilibre.

Sous son poids, la branche casse. BADABOUM ! il tombe par terre et reçoit le nid de frelons sur la tête... comme un chapeau !

6

Les enfants retournent montrer leurs trésors à la maîtresse. Agnan a collé de jolies fleurs dans son herbier :

– Ce sont des *Viola tricolor hortensis*, dit-il fièrement.

– Et nous, on a trouvé un vieux nid de frelons, annonce Nicolas. Même que c'est le Bouill… euh, M. Dubon qui l'a décroché pour nous.

– Décidément, vous êtes un fin connaisseur de la nature, dit la maîtresse au surveillant.

Celui-ci devient rouge de plaisir ! Du coup, il rend son frisbee à Geoffroy :

– Tiens, mais c'est la dernière fois que je veux le voir.

– Promis ! jure Geoffroy.

– Bravo, les enfants ! Vos trouvailles sont magnifiques, félicite la maîtresse. Vous pouvez retourner jouer.

Seul Agnan reste sagement à la table.

– Dis-moi, mon garçon, lui demande le Bouillon à voix basse. Tu les as trouvées où, tes petites fleurs violettes ?

Un peu plus tard, le Bouillon s'approche timidement de la maîtresse :

– Hum, mademoiselle ? J'ai quelque chose pour vous...

Il sort un bouquet de violettes de derrière son dos et le tend à la jeune femme.

Mais, tout à coup, COUIC ! les jolies fleurettes se font décapiter ! La faute à qui ? Au frisbee, bien sûr !

→ je lis tout seul

Pour les jeunes apprentis lecteurs
Niveau 2

n° 1 *La photo de classe*

n° 2 *Même pas peur !*

n° 3 *Les filles, c'est drôlement compliqué !*

n° 4 *Papa m'offre un vélo*

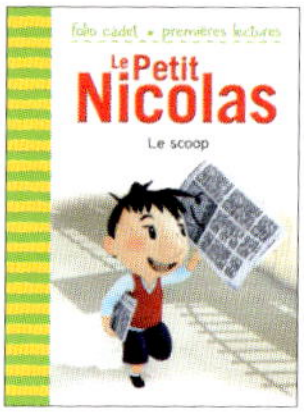

n° 5 *Le scoop*

n° 6 *Prêt pour la bagarre*

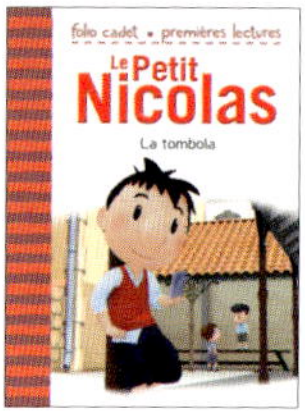

n° 7 *La tombola*

n° 8 *La leçon de code*

n° 9 *Le chouchou a la poisse*

n° 10 *Panique au musée*

n° 11 *Qui veut jouer à la poupée ?*

n° 12 *La bande des pirates*

n° 13 *Un chaton trop mignon*